500 PENSAMENTOS

Clóvis Correia

500 PENSAMENTOS

1ª Edição
POD

KBR
Petrópolis
2013

Edição de texto **Noga Sklar**
Editoração **KBR**
Capa **KBR s/ Arquivo Google**

ISBN **978-85-8180-142-1**

KBR Editora Digital Ltda.
www.kbrdigital.com.br
www.facebook.com/kbrdigital
atendimento@kbrdigital.com.br
55|24|2222.3491

B869 - Literatura brasileira

Clóvis Correia é natural de São João de Meriti, cidade da região metropolitana do Rio de Janeiro. Professor com pós-graduação em história, atualmente é diretor na rede estadual de ensino, nomeado por concurso público. É autor da obra autobiográfica *Minhas Histórias, Meus Afetos* — escritos de educação e de poemas de caráter didático, como "Auto da Floresta — canto à natureza", *A história em versos de cordel da Escola de Samba Matriz de São João de Meriti* e B*oas-Novas da Baixada*, entre outros títulos, produzidos e lançados de forma independente em escolas, praças, bares e espaços culturais. Em 2009, recebeu o Prêmio Baixada por sua trajetória em defesa e promoção da educação pública na região. Se autodefine com um intelectual engajado e de periferia, comprometido com as questões sociais e humanitárias que afligem a sociedade brasileira e o planeta.

Email do autor: professorclovis@hotmail.com

Somos todos filhos de dois tempos: do novo que está sempre chegando e do velho que está sempre partindo.

C. C.

Sumário

Ao leitor e leitora,

Os ditos populares e aforismos, pela concisão e forte sentido da mensagem em frases curtas, são, a meu ver, estilos linguísticos bem contemporâneos e adequados à era digital na qual estamos ingressando — que, como bem sabemos, se caracteriza pela rapidez e utilitarismo de informações e conhecimentos. Logo, não pertencem ao passado distante, sejam expressões típicas dos "mais velhos" ou de alguma personalidade famosa — filósofo, escritor ou estadista — como se poderia pensar.

Os 500 pensamentos que constam deste livro estão classificados de acordo com temas universais e da vida cotidiana, como Amor, Dinheiro, Escola, Futebol, Natureza, Política, Sexo e Shopping Center, entre outros. Você poderá lê-los segundo sua preferência e interesse, de uma única vez, ou aos poucos, quando sentir vontade.

O tom irônico — para não dizer debochado, crítico e professoral — está presente, ora numa, ora noutra citação. Se houver exagero de dosagem, queira aceitar minhas sinceras desculpas.

Peço que evite comparações com frasistas renomados, muitos dos quais admiro e menciono nesta obra. E também que aceite com certa naturalidade, como diz Nietzsche, "a minha ambição (e pretensão) de querer dizer em dez frases o que o outro qualquer diz num livro, ou que o outro qualquer não diz nem num livro inteiro".

Por fim, tenha uma boa leitura.

Clóvis Correia

Maio de 2013.

A

AMOR

1 . O amor é algo curioso. Quem não tem sofre por sua ausência; quem o possui sofre por sua consequência.

2 . Os poetas românticos exploraram com tanta sofreguidão o território do amor que poucas coisas deixaram para os seres comuns.

3 . O amor é algo tão raro e precioso que se inventaram as amizades, que podem lembrá-lo em muitas situações.

4 . As fronteiras entre o amor e a paixão nem sempre têm marcos precisos.

5 . Nos tempos atuais, parece impossível

amar o outro antes de amar a si mesmo.

6 . Na política, como no amor, há muita demagogia. Fala-se muito, e pratica-se muito pouco.

7 . Ama-se cada vez mais as coisas do que as pessoas, como se objetos pudessem retribuir afetos.

8 . O amor tanto é capaz de gestos heroicos como de desatinos.

9 . Quem ama, compartilha, sem olhar o tamanho da fatia.

10 . Desejar tocar e ser tocado pelo amor com a flecha, como nos tempos de Cupido, é deixar de admitir formas mais modernas de isso acontecer com igual eficiência.

11 . A pesquisa científica que estuda se os animais são capazes de amar deveria, em muitas situações, ser estendida aos homens.

12 . Paz e amor: admitir que ao lado do amor deve estar a paz é supor que ele pode andar em companhia da guerra, o que é um grande absurdo.

13 . Se a civilização, como previa Freud, não está sendo capaz de conter a força destrutiva do amor, é porque com ela fez aliança.

14 . Todo primeiro e grande amor apresenta-se para nós como fosse o último.

15 . O amor remove montanhas, mas a fé é que leva a fama.

16 . Quem diz que está morrendo de amor na verdade não sabe o que ele é. O amor não é a doença, mas o remédio.

17 . Será que para demonstrarmos um grande e verdadeiro amor devemos acabar tragicamente, como Romeu e Julieta?

B

BAIXADA FLUMINENSE

18 . Com fria superioridade, as cidades serranas contemplam lá do alto a Baixada Fluminense.

19 . No meu tempo de menino, se dizia que na floresta vivia a bruxa má, e na Baixada Fluminense os bandidos.

20 . A Baixada Fluminense já deu heróis nacionais, artistas famosos, craques de futebol e políticos medíocres.

21 . Olha que coisa mais absurda: o sinal distante do satélite já chegou à Baixada Fluminense, mas o saneamento básico, não.

22 . Na Baixada Fluminense vive uma grande população com numerosos mitos e estigmas.

23 . Para muita gente desatualizada, esquadrão da morte é um produto *made in* Baixada.

24. Apesar de se chamar Lurdinha, a metralhadora de Tenório nada tinha de delicada.

25 . Se os templos religiosos e botecos da Baixada Fluminense fossem escolas, o grau de analfabetismo seria zero.

26 . Venha conhecer as águas límpidas e refrescantes de Tinguá, antes que elas desapareçam!

27 . A Baixada Fluminense é um dos poucos lugares que conheço onde o progresso e o atraso convivem numa boa.

28 . Do jeito que anda a degradação ambiental, não vou me surpreender se um dia desses aparecer um doido querendo fazer transplante da Serra dos Órgãos.

29 . O projeto de restauração do velho casarão da Fazenda São Bernardino possui a idade das suas ruínas.

BELEZA

30 . A beleza física humana não era colocada à mesa na época em que não existiam o biquíni e a fotografia.

31 . Todo falso romântico, se for conhecedor da poesia de Vinicius, conhece apenas a última estrofe do "Soneto de Fidelidade".

32 . Para justificar os seus recalques, os filósofos feios inventaram essa história de beleza interior e beleza exterior.

33 . Não existiu gente mais fanática pela beleza do que os gregos e Joãozinho Trinta.

34 . Urge praticar o gozo estético.

35 . Em geral, todo indivíduo, quando bebê, é bonito e gracioso.

36 . A fama e o dinheiro fazem alguém se achar bonito, mesmo que no íntimo saiba que não é.

37 . O sonho dos homens é parecerem belos como as divindades.

38 . Quem ama o feio, bonito lhe parece... só se sofrer de deficiência visual.

39 . Se beleza fosse algo desprezível, os anjos e os santos deveriam ser dispensados de terem as faces tão graciosas.

40 . Os gênios têm tendência a serem feios.

41 . Não se nasce apreciador do belo, aprende-se a sê-lo.

42 . Para se estar em companhia de uma bela mulher, sendo feio, é preciso ter outras qualidades especiais.

43 . O animal pode se aproximar do homem com comportamentos que lembram o uso da inteligência, mas nunca porque se extasiam diante da beleza das flores, do nascer do sol, do burburinho da fonte ou da obra de arte.

44 . Em alguns casos, o dote físico é o único que se possui para suprir a ausência de outros.

45 . Beleza e perfeição são irmãs gêmeas em permanente crise de identidade.

BOTEQUIM

46 . Racha funciona bem em madeira, não em despesa de bar.

47 . O pior bêbado é aquele que pouco bebe no último botequim da noite.

48 . Quem diz que não come tira-gosto velho em botequim nunca ficou na madrugada sem ter outra opção.

49 . Cerveja quente em bar afasta até o melhor amigo do dono do estabelecimento.

50 . De gole em gole, a galinha fica bêbada.

51 . Se por aqui o pessoal pede um "quente", na Sibéria pediria uma "brasa".

52 . O botequim é dos poucos lugares que conheço onde se conversa sobre tudo, sobre todos e também sobre nada.

53 . Um botequim extremamente limpo perde o glamour.

54 . Os portugueses, como inventores, tiveram dois grandes méritos: inventaram o Brasil e o boteco.

55 . Depois dos sem-terra e dos sem-teto,

agora também temos os sem-botequim.

56 . O mico leão-dourado e o botequim estão ameaçados de extinção.

57 . Em botequim que tem gato, rato não tira onda.

58 . Em botequim de bacana, cliente é doutor.

59 . Depois de certo tempo, frequentador assíduo de botequim vira bem do imóvel.

60 . Toda mesa e cadeira de bar têm em comum, além dos aspectos conhecidos, o fato de sempre precisarem de uma chapinha para ficarem firmes.

61 . Por vezes, o bar é a porta de entrada do motel.

62 . Gonzaguinha, quando escreveu "Mesa de Bar", seguramente estava bastante inspirado, após estar bastante bêbado.

63 . Nesta era da precisão informática, por favor, me respondam: quantos poemas e canções foram feitos inspirados nos ambientes de bares e botequins?

64 . Sou do tempo em que gorjeta era um gesto espontâneo e de gentileza.

65 . Prefiro o jeito pouco limpo do botequim à frieza asséptica da lanchonete.

66 . Botequim e boemia sempre foram companheiros inseparáveis.

67 . Além de belos romances anônimos, a história registra que muitos fatos importantes para a humanidade tiveram início em bares, adegas e restaurantes.

C

CARRO

68 . Dirigimos muitas vezes nossas vidas como um motorista iniciante, que posiciona o câmbio na marcha lenta e quer que o veículo ande.

69 . Os retrovisores do veículo são os olhos na nuca.

70 . O automóvel no Brasil nos faz pensar na chegada da modernidade tendo a barbárie por motorista.

71 . O gosto pela leitura nos adultos seria maior se os carrinhos de brinquedo lembrassem os livros.

72 . Carro de luxo x carro popular é divisão de classes em movimento.

73 . Mulher só dirige mal se o instrutor da autoescola for ruim.

74 . Trocar pneu ainda é uma das poucas situações em que a mulher emancipada depende do homem.

75 . Carro é igual a gente. Se não se fizer manutenção preventiva, se gasta mais com a doença.

76 . Se no Brasil, estatisticamente, existe uma guerra no trânsito, por que não convocar o Conselho de Segurança da ONU?

77 . Em relação à despesa, costuma-se dizer que ter carro é ter outra família, só que sem casa, filhos e amante.

78 . Não demora muito, o automóvel vai voar.

79 . Seguro de automóvel é a aceitação conformada da certeza de que seremos vítimas de furto ou envolvidos em acidente.

CHATO

80 . Para o chato bastaria às pessoas terem como órgão apenas os ouvidos.

81 . Chato é o indivíduo capaz de estender os limites da inconveniência.

82 . Chato e sensato só têm em comum a rima.

83 . Não sei o que é pior: fugir do chato ou do leão feroz.

84 . O chato e o carrapato são seres da mesma espécie.

85 . O chato é como marido enganado: todo mundo sabe o que ele é, a não ser ele mesmo.

86 . Chato é o indivíduo que procura esvaziar seu saco à custa de encher o do alheio.

87 . Nunca imaginei que a chatice das palavras pudesse ser pior do que os piolhos da região pubiana.

88 . Ouvi dizer que já existe um movimento de chatos reivindicando proteção contra a sensatez.

COMPREENSÃO/ TOLERÂNCIA

O indivíduo atinge o máximo grau de compreensão e tolerância quando:

89 . Mantém-se democrata convicto, mesmo depois de assistir a uma sessão do Congresso Nacional Brasileiro.

90 . Respeita o direito de opinião, mesmo numa dessas reuniões chatas de pais no colégio.

91 . Ao ser jogado ao chão pela freada brusca de um ônibus, elogia o motorista por evitar o acidente.

92 . Atribui à embriaguez os excessos de galanteio do amigo solteirão à sua esposa, durante a festa.

93. Não admite que alguém tentou lhe passar a perna ao verificar um erro reincidente na conta do bar em relação à quantidade de chope.

94 . Aceita, sem espernear, a multa de trânsito, mesmo tendo visto o amigo do policial ser livrado de igual infração.

95 . Em respeito à diversidade de gosto, concorda, numa roda de amigos, sobre a boa qualidade da programação da TV aberta aos domingos.

96 . Aguarda, pacientemente, o atendimento na emergência do hospital, achando que existem casos mais graves do que o seu.

97 . Sempre credita ao amor o ciúme da companheira e à imaturidade as besteiras dos filhos.

98 . Não se importa em aguardar muito tempo o atendimento ao telefone, desde que a música de espera seja do seu agrado.

99 . Não faz reclamação ao síndico pelo som alto do jovem vizinho, por recear que o filho ainda bebê possa fazer o mesmo no futuro.

100 . Concorda com a dilacerante mordida do leão da receita federal no seu modesto salário, em nome do fim social.

101 . Não se importa em dormir na fila de atendimento, desde que tenha algo para se distrair.

102 . Após ser abalroado por outro veículo, cujo motorista desrespeitou a sinalização de trânsito, desce de seu veículo e calmamente solicita ao infrator que assuma os danos causados na medida do possível.

103 . Contabiliza como um dos custos previstos do feriadão as longas horas perdidas no engarrafamento.

CRIANÇA

104 . Na Terra, a criança é o que temos de mais próximo da ideia de Deus.

105 . "Criança, futuro da nação", é declaração de incompetência dos adultos diante dos problemas do presente.

106 . Lembrando o médico Miguel Couto, não existe criança problema; o que existe são famílias, sociedade, civilização, adultos e soluções que são verdadeiros problemas.

107 . Quando mais lido com os adultos, mais gosto das crianças.

108 . Para se enfrentar a crise atual da humanidade, é preciso resgatar nos adultos a inocência abandonada dos tempos de criança.

109 . Os adultos precisam aprender a ouvir e entender o que as crianças dizem pelo olhar, mais do que pela boca.

110 . É ainda em criança que se aprende... mas o quê?

111 . O absurdo monopólio da contradição: "filho meu não apanha na rua, mas somente de mim, em casa".

112 . Que adultos serão essas crianças que hoje se encantam com os ídolos televisivos e as marcas de tênis?

113 . Recomenda-se o *Menino Maluquinho*, do Ziraldo, para os iniciantes em psicologia e educação infantil.

114 . A criança dita obediente, comportada e boazinha, não é criança, mas adulto em miniatura.

115 . As crianças são as maiores vítimas das besteiras que os adultos fazem todos os dias em seu nome.

116 . Ao contrário dos adultos, as crianças somente são levadas a mentir por um forte e relevante motivo.

117 . Mais do que presentes, a criança precisa mesmo é de carinho.

118 . Com a alegação da falta de tempo dos pais modernos, inventou-.se a alternativa salvadora da relação breve, mais intensa.

D

DEFINIÇÕES

119 . Riqueza é o mais diante do menos.

120 . Virtude é o bem pensante.

121 . Generosidade é ver o outro no lugar de si.

122 . Consciência é o pensamento ante o espelho.

123 . Vaidade é o ego nu.

124 . Ser pacifista é ter a palavra como arma.

125 . Alegria é o sorriso da alma.

126 . Egoísmo é o eu sem o nós.

127 . Ambição é o desejo descendo ladeira abaixo.

128 . Gula é o apetite sem fome.

129 . Sabedoria é conhecimento com controle de qualidade.

130 . Esperança é a fé sobrevivente.

131 . Coragem é o medo em desespero.

132 . Honestidade é ter o correto por lucro.

133 . Felicidade é o prazer com estilo.

134 . Esperteza é a inteligência sem diploma.

135 . Inveja é inferioridade disfarçada.

DEUS

136 . Deus é como ar: não podemos tocá-lo, mas não vivemos sem ele.

137 . Se Deus não existisse, precisaríamos inventá-lo.

138 . Adão e Eva não foram punidos por

comerem a fruta, mas por não preservarem a macieira.

139 . Os homens usam o cartão de crédito e Deus é que paga a conta.

140 . Deus fez tudo com perfeita sabedoria, inclusive a imperfeição humana.

141 . De acordo com Deus, foi moleza criar o céu, o mar, a terra, as plantas e os animais. Duro mesmo foi criar o homem e a mulher.

142 . Como bem diz o poeta: para se crer em Deus não é preciso somente a fé, a razão também ajuda.

143 . Advertência ao fanático religioso: Deus é vida, não morte.

144 . Sou um tanto desconfiado de alguns mortais que se autointitulam representantes de Deus, como se Ele precisasse de porta-voz.

145 . Não pensemos que Deus nos abandona em alguns momentos de dificuldade; ele apenas descansa um pouco após a longa e dura jornada de trabalho.

DINHEIRO

146 . O dinheiro foi inventado para facilitar a vida das pessoas, não para torna-la mais complicada.

147 . Para ser feliz não é preciso ter dinheiro, mas que uma mesa farta enseja mais alegria, isso enseja.

148 . Há indivíduos que vivem o problema da falta de dinheiro; outros têm o problema de administrá-lo; e um terceiro grupo vive a dupla situação.

149 . É um falso dilema colocar o indivíduo entre o ser e o ter: os dois são possíveis, ainda que seja muito difícil.

150 . Todos os dias as manchetes dos jornais apresentam notícias trágicas, onde o dinheiro é o personagem principal travestido de coadjuvante.

151 . Para ganhar mais dinheiro, certos indivíduos são capazes de gestos ousados só para demonstrar que não perseguem esse fim.

152 . Dinheiro é como o sexo: depois que se experimenta e gosta, fica difícil viver sem ele.

153 . O maior desafio não é ganhar mais di-

nheiro, mas escolher formas corretas de fazê-lo sem passar a perna em alguém.

154 . Se todo mundo tivesse dinheiro, a loteria não existiria.

155 . Os animais que ficaram fora da lista do jogo de bicho até hoje não se conformaram com a exclusão.

156 . Até a mendicância tem se modernizado nas maneiras de auferir ajuda nas ruas.

157 . Depois que se espalhou a notícia de que se guardava dinheiro no colchão, o jeito foi criar os bancos.

158 . Antigamente, os indivíduos eram distinguidos pelo sobrenome; hoje o são pelo saldo médio da conta bancária.

159 . Hoje, o indivíduo que acha uma carteira recheada e a devolve ao dono é considerado honesto por alguns, e tolo por muitos.

E

ESCOLA

160 . Com os avanços da ciência, é bem possível que num futuro não muito distante se descubra o remédio para falta de educação.

161 . No Brasil, durante muito tempo, os governantes falaram demais e fizeram de menos pela educação escolar.

162 . Que a escola pode ser bem melhor do que é, ninguém duvida. Ainda que poucos acreditem que estarão vivos para ver.

163 . Enquanto a escola vir os pequenos como poços de ignorância, fica difícil admitir que esteja falhando na missão de descer o balde.

164 . Os primeiros educadores, na Grécia, eram escravos e estrangeiros; os últimos são livres, nacionais e mal remunerados.

165 . Linha de montagem pode dar certo para automóveis, não para educar pessoas — parafraseando Rubem Alves.

166 . Num país educado, Anísio Teixeira e Paulo Freire seriam heróis nacionais.

167 . De uma educação de qualidade elitista, passamos para uma educação de massa azeda — parafraseando Anísio Teixeira.

168 . A educação bancária foi finalmente aceita pelos organismos financeiros internacionais — parafraseando Paulo Freire.

169 . No Brasil, educação e saúde pública são parceiros da tragédia nacional.

170 . Como todo problema humano, a crise da educação no Brasil traz em si a sua solução: é preciso crer e apostar nisso, apesar de toda a dor.

171 . Não há inocentes no crime do fracasso escolar.

172 . As coisas andam tão difíceis na educação escolar que já tem gente defendendo a volta da palmatória e da vara de marmelo.

173 . Quem imaginaria que um pequeno aparelho eletrônico de 4 x 10 cm pudesse rivalizar com uma sala de aula com mais de 40 metros quadrados?

F

FAMÍLIA

174 . Os pais fazem grande esforço, em vão, para não demonstrarem preferência por esse ou aquele filho.

175 . A família nuclear moderna é cada vez menor, por causa da maior difusão dos métodos preventivos, do alto preço do metro quadrado construído e da menor frequência das relações sexuais.

176 . Vernaculamente falando, se existe o Dia dos Pais, por que mais um Dia das Mães?

177 . Como Freud explicaria o Complexo de Édipo e de Electra no bebê abandonado?

178 . No tempo do cantor Fábio Junior, o pai era mais herói do que é hoje.

179 . Atualmente, o Natal é uma data especial, em que a família se reúne para depois ficar dispersa durante todo o ano.

180 . A Pátria é a família ampliada e amplificada.

181 . Fala-se muito de pais separados, mas nada dos filhos.

182 . Ao longo da história, muitas boas ações se fizeram em nome da família, em igual proporção às más.

183 . Diminui o tamanho da família nuclear e aumentam os problemas.

184 . Entre os jovens de hoje, a decisão de viver a dois sob o mesmo teto só não é mais rápida do que a de pôr fim ao relacionamento.

185. Em condomínio, briga de família vira manchete do dia.

186 . Para gente famosa, casar e descasar é charme; para o pobre é sem-vergonhice.

187 . Conselho: se já não pode salvar seu casamento, encontre pelo menos maneiras inteligentes de salvar a separação.

188 . Tal pai, tal filho? Só se for ao tempo dos senhores de engenho.

189 . Briga de vizinho por causa de criança lembra o uso de máquina de escrever em plena era digital.

190 . Conselho contemporâneo: "Filho, procure uma moça que te ame, seja de família e tenha um emprego bom e seguro."

191 . Terapia de casais é onde descobrimos que a nossa crise de relacionamento não é assim tão grave e nem tão exclusiva.

192 . Caldo de cana e pastel, cinema e pipoca: exemplos de casais que deram certo.

193 . Cientistas britânicos descobriram que os casais brigam 312 dias por ano. Deduzo que os 53 restantes sejam para ficar de mal.

194 . Outra pesquisa comprovou que os casados vivem mais do que os solteiros. Conclusão: conflito é saúde.

195 . Com a crise imobiliária, o sonho da casa própria virou

FESTA DE RICO/ FESTA DE POBRE

196 . Em festa de rico, a vaca holandesa é assunto de negócios, já na de pobre, é a vaquinha mesmo.

197 . Em festa de pobre, cozinheiro e garçom são chamados poucas vezes.

198 . Festa de rico tem registro na coluna social; festa de pobre só registro na delegacia, quando ocorre alguma confusão.

199. Em festa de rico, cada convidado quer mostrar o que tem e o que pretende ter. Já na de pobre, nem uma coisa nem outra.

200 . Em festa de rico sobra tudo, mas falta espontaneidade. Na de pobre sempre falta alguma coisa e sobra espontaneidade.

201 . Festa de rico tem hora para acabar; festa de pobre, para iniciar.

202 . Em festa de rico, conversa-se sussurrando; na de pobre, comemorando.

203 . Em festa de rico o mal-estar entra disfarçado; na de pobre, fica nu.

204 . Em festa de rico, pobre só entra para

servir aos convidados.

FUTEBOL

205 . No Brasil, jogador de futebol teme concentração, receando, penso eu, ser vítima do holocausto.

206 . Certos estádios de futebol já foram palco de grandes jogos, e também de históricos discursos.

207 . Há profissionais que se revelaram muito melhores comentaristas de futebol do que jogadores.

208 . A influência do pai na formação dos filhos se mede pela quantidade daqueles que consegue fazer torcer por seu time predileto.

209 . Antes mesmo de se ter as novas tecnologias aplicadas ao futebol, Dida já tinha conseguido notáveis efeitos especiais com a folha seca.

210 . Jogador de futebol que comete falta violenta por trás no adversário, em minha opinião, deveria não somente ser expulso de cam-

po, mas também posto na cadeia.

211 . Nos bastidores, fundamentalmente: se o time perde, é culpa dos jogadores ou do técnico; se ganha, é mérito dos dirigentes do clube.

212 . Receio que as nações flamenguista e corintiana possam um dia se elevar a Estados soberanos.

213 . Jogador de futebol que perde pênalti em decisão de campeonato é potencial paciente de psicólogo.

214 . Não deixa de ser uma bela cena de cumplicidade: a mulher torcendo ao lado do companheiro no estádio de futebol.

215 . Torcida organizada e seita religiosa têm muita coisa em comum.

216 . Enquanto o Brasil perdia o campeonato mundial para o Uruguai no Maracanã em 1950, eu nascia aos berros na Baixada Fluminense.

217 . Com os avanços da indústria cosmética, certamente o jogador tricolor que no passado utilizou pó-de-arroz nunca seria descoberto.

218 . O América do Rio ganha todo ano o título de Miss Simpatia.

219 . Um grande time de futebol possui muitos títulos, uma grande torcida e um pequeno número de pernas-de-pau.

220 . Com as novas regras da Política Monetária são esperadas mudanças nos clássicos dos milhões.

221 . É bem mais fácil se jogar por amor à camisa quando se assina um bom contrato.

222 . Joaquim Nabuco, se vivo fosse, por certo subscreveria a Lei do Passe Livre dos jogadores de futebol.

223 . Por que a frequência nas escolinhas de futebol é sempre maior do que nas escolas tradicionais?

224 . Craque de futebol é o atleta que consegue fazer num único lance o que os 22 titulares e mais os reservas não conseguem juntos.

225 . É no estádio de futebol que as mães dos juízes são mais reverenciadas.

226 . Campo de pelada era o local onde antigamente se começava a prática do futebol e a se machucar os pés regularmente.

227 . Assim como há boas partidas de futebol, que mereceriam ter um terceiro tempo, há aquelas que, ao contrário, deveriam ficar só no

primeiro.

228 . Se com suas pernas tortas o Garrincha era notável com a bola, imagine se fossem normais!

229 . Conheço cientistas que pesquisam o fenômeno Ronaldo.

230 . D. Pedro II morreu sem saber que Pelé seria seu sucessor no Brasil em plena república.

231 . O complexo de superioridade do brasileiro fica patente no emprego do aumentativo nos nomes dos estádios de futebol.

232 . Os estádios de hoje lembram as arenas romanas de antigamente, tanto pela arquitetura, como, por vezes, pela violência.

G

GUERRA

233 . Convoquem-me para lutar na guerra, não para brigar com o meu vizinho.

234 . Meu avô ganhou uma condecoração e foi promovido para atenuar os traumas do campo de batalha.

235 . A história teria sido outra se as armas dos colonizadores tivessem engasgado na hora.

236 . Somente a língua afiada é capaz de fazer frente à mais poderosa das armas.

237 . A paz reinou sob o céu até ser alvejada por um exímio atirador.

238 . A guerra continua propiciando um

bom faturamento, noticiário atraente e um grande número de órfãos.

239 . Que bom seria se a Segunda Guerra Mundial fosse a última.

240 . Nunca vi um governante defender a necessidade da guerra sem alegar um bom motivo.

241 . Se queres a paz, prepara-te para ela.

242 . Dúvida: o presidente autorizaria o ataque à cidade se soubesse que lá estão sua esposa e filhos?

243 . Todo o progresso da humanidade desaparece diante da guerra.

244 . A corrida armamentista é a única competição em que há hora de largada mas nunca de chegada.

245 . Muitos esforços têm sido feitos para que a crise no Oriente Médio não chegue ao Extremo.

H

HISTÓRIA

246 . A História pode até não ser a mestra da vida, como pensavam os antigos filósofos, mas é, certamente, boa conselheira.

247 . Certos indivíduos se empenham em entrar para a História, mesmo não tendo sido convidados.

248 . História com "H" e Estória com "E" tinham como diferença apenas a letra.

249 . Infelizmente, há uma tendência para se imitar bem mais os maus do que os bons exemplos da História.

250 . "Se" pode funcionar bem na língua

portuguesa, mas não na história.

251 . Conheço indivíduos que sonham escrever seu nome na História, sem se importar com a legibilidade da letra.

252 . Mal de Alzheimer não dá somente em pessoa, mas também em povo que não cuida da sua História.

HOMEM

253 . A raiva do homem é saber que dele foi preciso apenas uma costela para fazer a mulher.

254 . A cama é um dos poucos locais onde o machista revela sua fraqueza.

255 . O ser humano entra no mundo gritando e dele sai à francesa.

256 . De onde vim, quem sou, para onde vou, são coisas que só me interessam após o quinto trago.

257 . É mais fácil conviver com um homem louco do que com um tolo.

258 . Apesar da desaprovação científica, os

adeptos do machismo insistem em acreditar que são formados apenas por cromossomos masculinos.

259 . Será que existe vida inteligente e torcedores do flamengo em outros planetas?

260 . Do que jeito que as coisas vão, no futuro não muito distante a luta pela emancipação masculina tende a ganhar muita força.

261 . Somos todos pós-modernos, sem deixarmos de ser conservadores.

INFORMÁTICA/ INTERNET

262 . Em protesto contra o mau uso, o computador resolveu parar.

263 . Não convidem para a mesma festa os bits e os átomos.

264 . Navegar (na web) é preciso.

265 . Amigo agora é qualquer um na grande rede.

266 . Em tempo de correio eletrônico, carta é conta para se pagar.

267 . Para os escritores prolixos, recomendo o twitter.

268 . A grande quantidade de informações na internet tanto pode resultar em grandiosos edifícios de saber quanto em profundos poços de ignorância.

269 . Com a redução gradativa do tamanho dos computadores, não está longe o dia em funcionarão somente a partir do pensamento.

270 . Processadores do mundo, uni-vos!

271 . Quero ver o mais potente H.D. se lembrar da primeira namorada.

J

JUVENTUDE

272 . Jovem é a criança que um dia foi e o adulto que ainda será.

273 . A juventude é a fase em que se ama intensamente a vida, mesmo sem compreender bem o que ela é.

274 . A chave para entender o jovem é simplesmente lembrar que se foi jovem também um dia.

275 . Os jovens são mais chegados a exemplos do que a discursos.

276 . Não há verdadeira revolução sem espírito jovem.

277 . O jovem é movido pela emoção e pelo desejo, o adulto pela razão e pela chatice.

278 . Continua envolta em mistério a fase jovem da vida de Jesus. Penso que não seja por Ele ter cometido as peraltices da idade.

L

LÍDER

279 . O verdadeiro líder não conduz, apenas mostra o caminho.

280 . É possível que ao lado de gente medíocre certos indivíduos consigam riquezas, mas nunca terão a prosperidade duradoura.

281 . Mais do que pelos líderes, as multidões são conduzidas pelos sonhos e desejos que lhes são revelados.

282 . É possível existirem líderes sem multidões de seguidores, mas nunca sem uma causa.

283 . Como não se nasce sabendo andar de bicicleta, o líder se faz e é feito nas circunstân-

cias da vida.

284 . Mártir é o líder ao extremo.

285 . Todos os líderes têm em comum a ideia de mudar o mundo.

286 . Os defensores das grandes causas humanitárias raramente vivem o suficiente para vê-las triunfar.

M

MORTE

287 . Assim como o fundo escuro realça o esplendor da luz, a morte é a cenografia do espetáculo da vida.

288 . Mesmo sabendo que é mortal, o ser humano, em várias circunstâncias, toma determinadas atitudes como se se imaginasse eterno.

289 . Os seguros de vida surgiram no momento em que se descobriu que a morte era um ótimo negócio em vida.

290 . Há indivíduos que valem mais depois que partem para o além.

291 . Do morto, mais do que os bons exem-

plos, devemos guardar os erros, para que não sejam repetidos.

292 . O prestígio de um defunto se mede pela quantidade de gente que vai ao velório numa segunda-feira.

293 . Como pode o coveiro desdenhar a morte que lhe dá o sustento?

294 . Não existe velório de melhor astral do que o do boêmio e do sambista.

295 . Há pessoas que não morrem, apenas se aposentam desta vida.

296 . O ser humano é muito estranho. Espera o indivíduo baixar sepultura para lhe prestar homenagens.

297 . Existem líderes políticos cujo maior legado foi seu fim trágico.

N

NATUREZA

298 . Segundo a Bíblia, o homem foi criado para reinar sobre a natureza, não apenas sobre desertos.

299 . Sou plenamente a favor da ecologia, desde que inclua a preservação da espécie humana.

300 . Onde atualmente mora São Jorge, que vivia na lua?

301 . A lua foi uma artista famosa, que teve seus momentos de glória antes da chegada dos astronautas.

302 . O homem pós-moderno já não olha

tanto para o céu por medo de ser atropelado.

303 . O mar continua majestoso, indomável, inspirador... e cada vez mais poluído.

304 . Por incrível que possa parecer, há indivíduos que cortam uma árvore só porque acham trabalhoso recolher as folhas de outono.

305 . Sou do tempo em que se colhia fruta no quintal e se via vagalume à noite.

306 . Deus dá o calor conforme o ventilador.

307 . Pelo andar da carruagem, a despoluição da Baía de Guanabara e do Rio Tietê têm sua conclusão garantida para o próximo milênio.

308 . Todos os anos, os satélites identificam o aumento da devastação da Floresta Amazônica. Todos os anos o governo anuncia medidas para contê-la.

309 . Outrora, no rio perto de casa, se navegava, nadava e pescava. Agora, só vivem por lá as lembranças.

310 . Os rios das cidades apenas são lembrados quando enchem o pote.

311 . Os jardins zoológicos lembram bem os

sobreviventes da arca de Noé.

312 . Como alguém disse, o que precisa ser defendido não é o meio ambiente, mas o ambiente inteiro.

313 . Numa cidade onde se maltrata gente, os animais não podem ter melhor sorte.

314 . Se ainda nem conseguimos tapar os buracos das ruas, reduzir o buraco da camada de ozônio parece ser tarefa impossível.

315 . Os norte-americanos não assinaram o Protocolo de Kyoto porque esqueceram a caneta.

NEODITADOS

316 . À noite todos os gatos são pardos se a iluminação do local for deficiente.

317 . Água mole em pedra dura, tanto bate até que provoca desabamento.

318 . Aqui se faz aqui se paga, com juros altos.

319 . As aparências, atualmente, enganam

bem menos.

320 . Cada cabeça, uma sentença, sem direito à apelação.

321 . Cada macaco no seu carro.

322 . Cão que ladra não morde, se estiver com focinheira.

323 . Depois da tormenta sempre vêm as ações do governo para evitar o problema.

324 . Devagar se vai ao longe... só se for no engarrafamento.

325 . Em casa de ferreiro, espeto de plástico.

326 . Em rio que tem piranha, jacaré passeia nas margens.

327 . Em terra de cego quem tem um olho é rei se possuir uma eficiente rede de informantes.

328 . Na cama que farás, nela te deitarás, em boa companhia.

329 . Pobre gosta de luxo, quem gosta de miséria é intelectual e político assistencialista.

330 . Não conte com o ovo na barriga da galinha que sofre de prisão de ventre.

331 . Os últimos serão os primeiros se a fila

estiver andando.

332 . Quem tem boca vai a Washington.

333 . Se cair, do chão não passa, mas tampouco fica inteiro.

334 . Ao bom entendedor meia palavra basta, ao mau, nem uma dúzia.

P

POBREZA

335 . Pobre vive de teimoso, e porque considera o suicídio covardia.

336 . A pobreza é o resultado da má distribuição da riqueza, que por sua vez é consequência de uma conta malfeita por um matemático herdeiro de uma grande fortuna.

337 . Se existe o pobre de espírito, existe o rico de espírito também. Logo, se deduz que no plano espiritual também há desigualdade social.

338 . Se quem tem fome tem pressa, por que não criar vias expressas e faixas seletivas para minimizar o engarrafamento?

339 . Houve um tempo em que se dizia que era preciso, primeiro, fazer crescer o bolo para depois dividi-lo. Atualmente, se diz que o bolo não deu porque vieram muito mais pessoas do que as que foram convidadas.

340 . Pobre vive apegado ao presente, pois receia que o futuro possa ser ainda pior.

341 . O erro de Karl Marx não foi demonstrar como se dava a exploração a partir da propriedade, mas não ter guardado segredo daquilo que os burgueses já sabiam.

342 . A morte iguala o rico ao pobre, mas em caixões e covas diferentes.

343 . Pobre precisa sorrir para não ficar doente de banzo.

344 . O rico não teme o pobre, mas aquele que quer deixar de sê-lo à sua custa.

345 . A caridade pública é uma nobre maneira de não mexer com o poder dos ricos.

POLÍTICA

346 . Advertência de Sócrates: quem diz verdades incômodas está sujeito a beber veneno.

347 . O voto pode ser uma poderosa arma do cidadão, desde que tenha uma boa pontaria.

348 . Os gregos inventaram a democracia. Qual foi o povo doido que inventou a ditadura?

349 . Dizer que todo político é corrupto é preconceito; mas seria ingenuidade não reconhecer que são maioria.

350 . Cuba Libre é uma bebida, não uma palavra de ordem.

351 . Estudos demonstram que a utilização da internet para fins de campanha eleitoral reduziu significativamente os casos de queda de palanques por excesso de peso.

352 . Como fica a expressão puxa-saco nos tempos atuais, quando a mulher ocupa postos importantes no governo?

353 . O diabo após Jesus Cristo recusar suas ofertas: esse sujeito metido a certinho acha que pode mudar o mundo sozinho.

354 . Como pode existir hoje, no Brasil ur-

bano, o "curral eleitoral" e o "voto de cabresto" da época do Brasil rural?

355 . Muitos políticos são tão parecidos entre si que é perda de tempo e dinheiro fazer teste de DNA.

356 . Platão imortalizou em sua obra o mestre e amigo Socrátes porque não tinha poderes para ressuscitá-lo.

357 . Infelizmente, existem indivíduos que insistem em misturar governo e negócios, mesmo sabendo que possuem densidades diferentes.

358 . Penso que não há problema em o empresário se tornar político e vice-versa. O que não pode acontecer é trocarem os papéis na hora da apresentação.

359 . A máxima satisfação do cliente é um princípio empresarial que pode ser útil na política, desde que os políticos não se coloquem na condição de cliente.

360 . Só espero que a separação entre governo e negócios não demore tanto quanto demorou entre governo e religião.

361. Desobediência civil: imposto que não se converte em serviço à população nunca deveria ser cobrado; se cobrado, nunca deveria ser

pago.

362 . Enriquecimento ilícito é quando se ganha dinheiro com apenas um "i".

363 . De todas as vacinas testadas até aqui, nenhuma funcionou contra a epidemia da corrupção, mesmo tendo os testes sido realizados em ratos.

364 . Se Getúlio Vargas foi considerado o "Pai dos Pobres", que presidentes foram genitores dos ricos?

365 . O mensalão, definitivamente, entrou para a História no mês de outubro.

PONDERAÇÕES DE FAMOSOS
(COM MEUS ACRÉSCIMOS)

Aparício Torelly (Barão de Itararé)

366 . Dize-me com quem andas e eu te direi se vou contigo *(só ou acompanhado)*.

367 . O Brasil é feito por nós. Está na hora de desatar esses nós *(e não dar mais nenhum nó*

cego).

Cícero

368 . Os grandes navegadores devem sua reputação aos temporais e tempestades *(e também à sorte).*

369 . O prazer de fazer o bem é maior do que o de recebê-lo *(na pior das hipóteses, igual).*

Dercy Gonçalves

370 . A vida se tornou insípida, está perdendo o valor *(entenda-se: o humor).*

371 . Meu século foi muito digno. As famílias eram famílias, a polícia era a polícia. Hoje, não tem mais nada *(é o preço de se viver tanto tempo).*

Fernando Pessoa

372 . Tenho em mim todos os sonhos do mundo *(deste e do outro).*

373 . Tudo vale a pena se a alma não é pequena *(para ser mais direto, mesquinha mesmo).*

Glória Kalil

374 . Furar fila sem motivo justo é o cúmulo da prepotência e da falta de educação. *(deixar de fazê-lo por quaisquer motivos é o mínimo de respeito aos outros que lá estão desde cedo).*

375 . Dinheiro na mão de gente sem noção de civilidade é uma arma tão perigosa como qualquer revólver na mão de bandidos *(longe de querer insinuar que alguns ricos sejam bandidos).*

Jaguar

376 . A melhor coisa na TV *(aberta)* é o botão de desligar *(ou quando ela deixa de funcionar).*

377 . Gastei fortuna e no final não tinha nada. Podia ter gasto esse dinheiro em aperitivos *(e em boas companhias).*

Luis Fernando Veríssimo

378 . A verdade é que a gente não faz filhos. Só faz o layout. Eles mesmos fazem a arte-final *(e a impressão nem sempre é aquela que imaginamos)*.

379 . Seus amigos de verdade amam você de qualquer jeito *(se você os amar assim também)*.

Lula

380 . Quero saber se o povo está na merda e quero tirar o povo da merda em que ele se encontra *(e se for o caso, limpar a bunda dele)*.

381 . A questão do clima é delicada porque o mundo é redondo. Se fosse quadrado ou retangular e a gente soubesse que a poluição ia ficar só lá... *(é por isso que eu nunca gostei de geometria e geografia no tempo de estudante)*.

Mário Quintana

382 . Não importa saber se a gente acredita em Deus: o importante é saber se Deus acredita

na gente... *(mesmo diante de nossas trapalhadas).*

383 . Quem não compreende um olhar, tampouco compreenderá uma longa explicação... *(e muito menos o silêncio inteligente).*

Millor Fernandes

384 . Pior não é morrer. É não poder evitar as moscas *(nem barrar o sujeito indesejado em nossa festa fúnebre).*

385 . Com muita sabedoria, estudando muito, pensando muito, procurando compreender tudo e todos, um homem consegue, depois de mais ou menos quarenta anos de vida, aprender a ficar calado *(o que já é um bom conforto para aqueles que muito abaixo dessa idade só dizem besteiras).*

Napoleão

386 . Seis horas de sono para um homem, sete para uma mulher e oito para um tolo *(nove, para um presunçoso).*

387 . A raça humana é governada por sua imaginação *(de forma tirana).*

Nelson Rodrigues

388 . Dinheiro compra até amor verdadeiro *(imagine o falso)*.

389 . Os homens mentiriam menos se as mulheres fizessem menos perguntas *(ou evitassem aquelas tipo "você só ama a mim, não?")*.

Woody Allen

390 . A liberdade é o oxigênio da alma *(e sua privação, o monóxido de carbono)*.

391 . Não despreze a masturbação, que é fazer sexo com a pessoa que você mais ama *(sem custo algum)*.

S

SALÃO DE BELEZA

392 . Foi-se o tempo em que salão de beleza era lugar só para mulheres.

393 . A frequência das pessoas ao salão de beleza depende em igual importância da condição financeira e da vaidade.

394 . Ao sair do salão após os devidos tratamentos, a autoestima, principalmente das mulheres, mal consegue passar pela porta.

395 . Homem que não consegue bancar a estética da mulher vaidosa é sério candidato a ganhar um belo par de chifres.

396 . Calma! Não precisa chamar o bombei-

ro! A fumaça no salão de beleza é só resultado do alisamento.

397 . O salão de beleza foi o primeiro local em que as mulheres começaram a conspirar contra os homens.

398 . Os fantásticos produtos de beleza de hoje tiveram início com o elixir da juventude das histórias infantis.

399 . Nos dias atuais, o velho barbeiro é o mercador de Veneza no setor de beleza.

400 . Trocar a cor do cabelo envolve sempre muito desejo... e também muita insegurança.

SAÚDE

401 . Mulher andrógina só se for para lançamento de peso.

402 . Quem não tem calçadão para se exercitar, corre como peru em torno de casa mesmo.

403 . O verão é a vitrine dos corpos bem cuidados.

404 . O indivíduo mais bem informado so-

bre o estado do paciente no hospital é o papa-
-defunto.

405 . Recomenda-se torcer pelo time do coração para não ter problemas cardíacos.

406 . São tantas e tão variadas as loucuras de
hoje que a cada dia se torna difícil diagnosticar
as doenças mentais.

407 . Sonho com o dia em que hospital público somente será fechado por falta de pacien-
tes.

408 . A célula-tronco, penso eu, deveria se
chamar célula-raiz.

SEGURANÇA

409 . Se os americanos têm o Capitão América, nós aqui temos o Capitão Nascimento.

410. Eu jamais imaginaria que um dia fosse ler um cartaz de "Procurado" fora dos filmes
americanos de faroeste.

411 . Demorou algum tempo para que as
autoridades compreendessem que, na ausência

de guerra, as forças armadas poderiam ser empregadas de forma mais útil à sociedade.

412 . Em matéria de segurança, os santos de casa ainda são os grandes protetores de muita gente.

413 . Além de levar os pertences e a marmita do trabalhador, o assaltante reclamou do tempero da comida.

414 . As cadeias estão lotadas de bandidos e de analfabetos.

SEXO

415 . Segundo os especialistas, sexualidade é bem mais que sexo, sem que este seja menor que aquela.

416 . Para quem já se julgava campeão de sexo, agora com o Viagra e assemelhados deve certamente estar se achando divino.

417 . A história se repete, sim, nos casos envolvendo calorosas experiências sexuais.

418 . Na cama e entre quatro paredes não

existe prazo de validade.

419 . O preservativo teve delírios de prazer, para inveja do pênis.

420 . Motel varia de nome, mas nem tanto de cheiro.

421 . Disse o óvulo para o espermatozoide fertilizador: "Meu campeão."

422 . Feitos um para o outro: parafuso e porca; chave e fechadura; pênis e vagina.

423 . Não me peçam para trocar o contato caloroso do corpo real pela frieza da bela mulher virtual.

424. O Ministério da Saúde adverte: altas doses de erotismo ajudam a saúde sexual do casal.

425 . Diferente do futebol, as preliminares no sexo são tão importantes quanto o jogo principal.

426 . Controle os gritinhos durante o ato sexual, pois o vizinho pode se sentir incomodado. E excitado.

427 . Tamanho não é documento quando se respeita a relação inversa entre o comprimento do pênis e o raio do orifício vaginal.

428 . Foi-se o tempo em que amor e sexo precisavam andar, necessariamente, juntinhos.

429 . Não é preciso ser nenhum Walt Disney para produzir fantasias sexuais.

430 . Está sobrando espaço nos armários com a revolução sexual em curso.

SHOPPING CENTER

431 . Indefinível: por favor, me digam, que comida exala o cheiro que se espalha na praça da alimentação do shopping?

432 . Meu reino por uma vaga no estacionamento do shopping em dia de feriado.

433 . Os shoppings foram projetados para que você esteja sempre em movimento, pare apenas para comprar e nunca pense.

434 . Além daqueles que procuram o shopping para adquirir alguma coisa, há aqueles que vão lá para passear. Um terceiro grupo, não menos numeroso, circula por ele sem nenhuma dessas duas motivações.

435 . Sonho de consumo: quando o banheiro público será mantido tão limpo quanto o do shopping?

436 . Conselho útil: não marque encontro no shopping sem observar se a bateria do celular está carregada.

437 . Por que um dos principais fatores de sucesso dos shoppings — a acessibilidade — não é copiado pelos serviços públicos?

438 . Para onde foram as feiras de domingo, com a chegada à cidade dos supermercados e shoppings?

439 . Consumo responsável é *persona non grata* no interior de shoppings.

440 . Por que muitos marido ciumentos não se importam quando a mulher diz que vai sozinha ao shopping? Será que imaginam que lá não existem locais para encontros fortuitos?

441 . Depois que inventaram o shopping, Papai Noel não anda mais de trenó.

442 . O ingresso do cinema de shopping tem reclamado da concorrência desleal da pipoca.

T

TEMPO

443 . Disse o passado para o presente: você acha que vai ficar sempre novinho?

444 . Disse o presente para o futuro: vê se põe os pés no chão!

445 . Quem diz que não tem tempo é porque estourou o limite de crédito.

446 . Se as crianças soubessem o que as aguarda, não ansiariam tanto ser como os adultos.

447 . O tempo não regula a nossa morte como regula a nossa vida.

448 . Quem pensa que os segundos nada representam, certamente nunca assistiu a uma

partida de basquete, nem enfrentou um engarrafamento antes da reunião de trabalho ou precisou ser atendido numa emergência.

449 . Para mim, cerimônia de casamento é a única situação em que certo atraso se justifica, e faz até bem.

450 . Para saber a duração de um voo, basta somar a demora do embarque ao tempo entre a decolagem e o pouso da aeronave.

451 . O tempo é um tipo de recurso não-renovável ignorado pelos ambientalistas.

452 . Quero ver a famosa pontualidade britânica funcionar com o nosso sistema de transportes.

453 . Autoridade brasileira padece de complexo de noiva: chega sempre atrasada.

454 . Os 15 minutos de tolerância além da hora marcada foram uma engenhosa invenção de um cientista nada pontual.

455 . O amarelo do sinal de trânsito vive reclamando da curta duração.

456 . Onde colocaram o relógio que marca o tempo máximo de espera na fila dos bancos?

457 . O melhor relógio suíço nem sempre

está no pulso certo.

458 . Depois dos 60, a gente não precisa de planejamento, apenas do "plá".

TERRA

459 . Um planeta criado a partir do Big Bang tinha mesmo que apresentar problemas.

460 . O mundo encolheu tanto com a revolução das comunicações que os problemas ficaram à mostra.

461 . Após a conquista da Terra e do Universo, o próximo passo será invadir os domínios de Deus.

462 . Mundo mundo, vasto mundo, se eu me chamasse Carlos Drummond de Andrade lhe faria um belo poema.

463 . Quando criança, ouvia dizer que se alguém não aprendesse em casa o mundo lhe ensinaria, cobrando matrícula e mensalidades.

464 . Não poucas vezes nos sentimos estrangeiros em nosso próprio país.

465 . Nos dias de hoje inventou-se essa história de globalização, como se as viagens de Colombo, Cabral, Vespúcio, Cortez e Pizarro nunca tivessem existido.

466 . Tudo é permitido abaixo da linha do Equador, inclusive ser feliz.

467 . Todos dizem que a Terra precisa de socorro. Poucos, no entanto, param de beber a água de coco e vão lhe lançar o bote salva-vidas.

468 . A Terra passou por sérios problemas de autoestima depois que soube que não era o centro do Universo.

469 . Quem afirmou que dois corpos não ocupam o mesmo lugar no espaço certamente nunca viajou nos trens do Rio e de São Paulo.

470 . Haverá caciques na Aldeia Global?

471 . O primeiro homem apareceu no continente africano. O último, onde estará?

472 . Aviso: "As inscrições para a segunda viagem de Noé já começaram."

473 . As afinidades entre o Brasil e a África vêm do tempo em que os continentes eram uma coisa só.

474 . A fórmula chinesa de prosperidade

econômica, regime garantido, não se aplica no caso cubano.

V

VIDA

475 . A vida é um presente de Deus, que recebemos sem dizer obrigado.

476 . Não existe vida feliz ou infeliz. Existe, sim, vida bem ou mal vivida.

477 . Por que me preocupar com a morte, quando tenho ainda tantas coisas com que me preocupar na vida?

478 . Há indivíduos que morrem em vida, muito antes de baixar à sepultura.

479 . Gonzaguinha: a vida é bonita, sim, apesar de nem sempre poder ir ao salão de beleza.

480 . A vida reserva sempre muitas surpresas, mesmo diante de planos muito bem elaborados.

481 . A gente imagina que o vizinho tem uma vida melhor do que a nossa, nunca admitindo que ele possa pensar o mesmo da gente.

482 . Se a vida é um mistério, por que não chamar logo um investigador?

483 . Como a vida poderia ser longa, com apenas quatro letras?

484 . Devo e tenho o direito de perseguir os meus sonhos, desde que não seja à custa dos sonhos alheios.

485 . O cemitério, além da finalidade conhecida, existe para lembrar que somos mortais.

486 . Sábio é o indivíduo que, reconhecendo a brevidade da vida, procura viver cada momento da melhor maneira possível, e como se fosse eterno.

VIRTUDES E VÍCIOS

487 . É preciso continuar a ter fé, mesmo quando Deus está distraído diante de nossas preces.

488 . Coragem não é dom inato de bombeiros.

489 . Há palavras que doem muito mais que um soco.

490 . Onde há muita esperteza, falta honestidade.

491 . Para os afetados pelo transtorno bipolar, a virtude está no meio.

492 . Quando crianças, já nos ensinam a ter medo; por que não a ter coragem?

493 . A mentira tem perna curta, o que não a impede de se deslocar ligeira.

494 . Nos últimos tempos, honra e dignidade só costumam ser vistas em filmes épicos.

495 . Sete são os pecados capitais; sete vezes sete são os pecados federais.

496 . Os retos de coração herdarão os céus; os oblíquos, o inferno.

497 . Acendamos de novo a lanterna de Diógenes (aquela que na Grécia antiga procurava um homem de virtude), apagada por Machado de Assis ao encontrar um barbeiro honesto.

498 . Um grande perfume não se encontra forçosamente num pequeno frasco importado.

499 . Sou a favor de que a Justiça tire a sua venda.

500 . O rei Salomão é um bom exemplo de que se pode ser poderoso e também sábio.

Esta obra foi composta em Adobe Garamond
13/14. Impressa com miolo em offset 75g e
capa em cartão 250g,
por Createspace/ Amazon.